DATE DUE

DEMCO, INC. 38-2931

Pequeño salvaje de Mamá

Dianna Hutts Aston
Ilustrado por Nora Hilb

Hutts Aston, Dianna
    Pequeño salvaje de mamá. Pequeña salvaje de papá / Dianna Hutts Aston ; coordinado por Ecuación ; dirigido por Sandra Cotos y Alejandro Leibovich ; ilustrado por Nora Hilb - 1a ed. - Buenos Aires : Grito Sagrado Editorial de Fund. de Diseño Estratégico, 2008.
    32 p. ; 24x24 cm.

    ISBN 978-987-1239-34-4

    1. Educación en Valores. I. Ecuación, coord. II. Cotos, Sandra, dir. III. Leibovich, Alejandro, dir. IV. Hilb, Nora, ilus. V. Título
    CDD 370.114

Fecha de catalogación: 17/12/2007

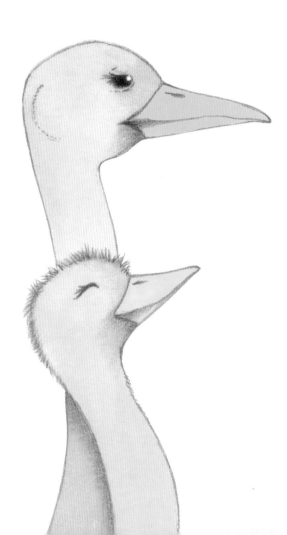

Mama´s wild child, papa´s wild child

Colaboración en adaptación de textos al español:
Zandra Montañez Carreño
Diana Maple
Corrección: Silvina Crosetti
Diseño: Ignacio Carponi

DIRECCIÓN EDITORIAL
Sandra Cotos
Alejandro Leibovich

ISBN: 978-987-1239-34-4

www.gritosagrado.com.ar

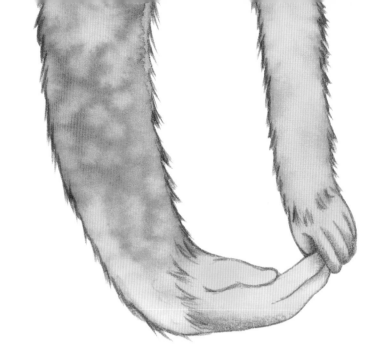

Para uno de mis papás favoritos, Doug L. Huth, y
para una mamá extraordinaria, Melissa Bass Hutts
-D.H.A.

A mis queridas amigas: Mónica, Gabriela, Evelyn, y
sus pequeños salvajes
-N.H.

Si yo fuera tu mamá chimpancé y tú fueras mi monito,

andaríamos juntos por la selva bajo el sol bonito.

Y mientras nos bañara una luz de luna,

en la copa de un árbol te haría una cuna

para mecerte con canciones bellas

cuando la noche traiga miles de estrellas.

Cada día la mamá chimpancé hace una cama de hojas frescas para ella y su bebé.

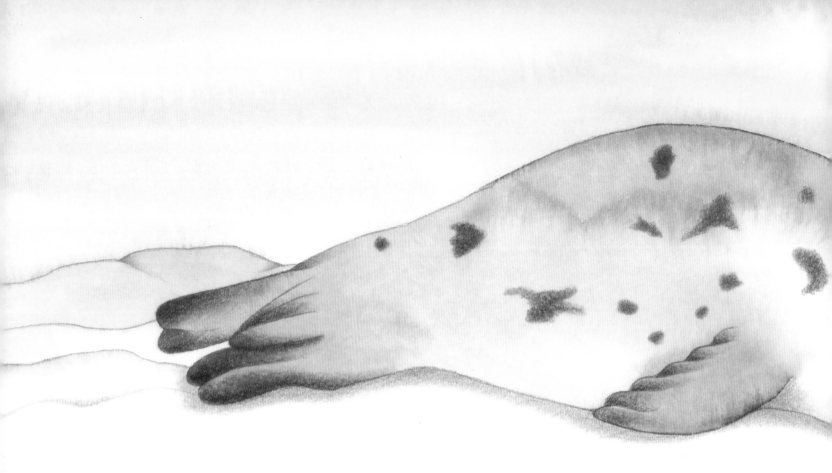

Si yo fuera tu mamá foca y tú fueras mi cachorro,

te encontraría por el olor que te distingue de los otros.

Cada vez que lloraras: maa... maa...

me acostaría a tu lado, para abrazarte con cuidado,

y así brindarte mi consuelo

en tu cunita de blanco hielo.

Una mamá foca arpa reconoce a su cachorro por su olor único.

Si yo fuera tu mamá ballena y tú fueras mi ballenato,

te llevaría a caballito en mi lomo hacia arriba arriba…

y soplaríamos el aire un buen rato.

Luego haríamos ¡plif! ¡plaf! con nuestras aletas y colas,

cuando en el océano soleado se alcen alegres las olas.

...má ballena jorobada empuja suavemente a su ballenato recién nacido hacia la superficie para que respire aire por primera vez.

Si yo fuera tu mamá llama y tú fueras mi cría,

te daría la bienvenida al mundo

olfateando tu cabeza lanuda con un ronquido profundo.

Y me quedaría a tu lado roncando con dulce orgullo

mientras las otras mamás llama

vinieran a conocerte esa misma mañana.

La mamá llama se comunica con su cría mediante ronquidos.

Si yo fuera tu mamá canguro y tú fueras mi cría,

te guardaría en mi bolsa durante las lluvias intensas.

Cuando se alejaran las nubes inmensas,

con un golpecito en tu cabeza te llamaría

y pasearíamos los dos por el barro

con un mismo impulso juntos saltando.

La mamá canguro tiene un marsupio seguro y cómodo para proteger a su cría.

La mamá cocodrilo hace rodar el huevo lentamente sobre su lengua cuando su cría necesita ayuda para salir del cascarón.

Si yo fuera tu mamá cocodrilo y tú fueras mi cría,

    escucharía tu primer piiiip, piiiiip llena de alegría.

Luego te llevaría en mi sonrisa suavemente

    a tu hogar en el agua donde muchas veces,

    podrías llenar tu panza con insectos, lombrices y peces.

Pero soy tu mamá y tú eres mi niño,

y de mí oirás historias de animales salvajes pequeños

antes de abrigarte con mi cariño

y darte el beso del dulce sueño.

Porque quiero decirte en mi lenguaje:

te amo, mi niño salvaje.

Girar

Pero soy tu papá y tú eres mi niña,

y de mí oirás historias de animales salvajes pequeños

antes de abrigarte con mi cariño

y darte el beso del dulce sueño.

Porque quiero decirte en mi lenguaje:

te amo, mi niña salvaje.

Girar

Pequeño salvaje de
Mamá

Si yo fuera tu papá hipocampo y tú fueras mi cría,

prendido del brillante coral bailaría

mientras te llevo en mi bolsa a salvo de las corrientes marinas.

Muchas vueltas daría en un cielo de agua debajo de las olas

hasta que estuvieras preparada para nadar sola.

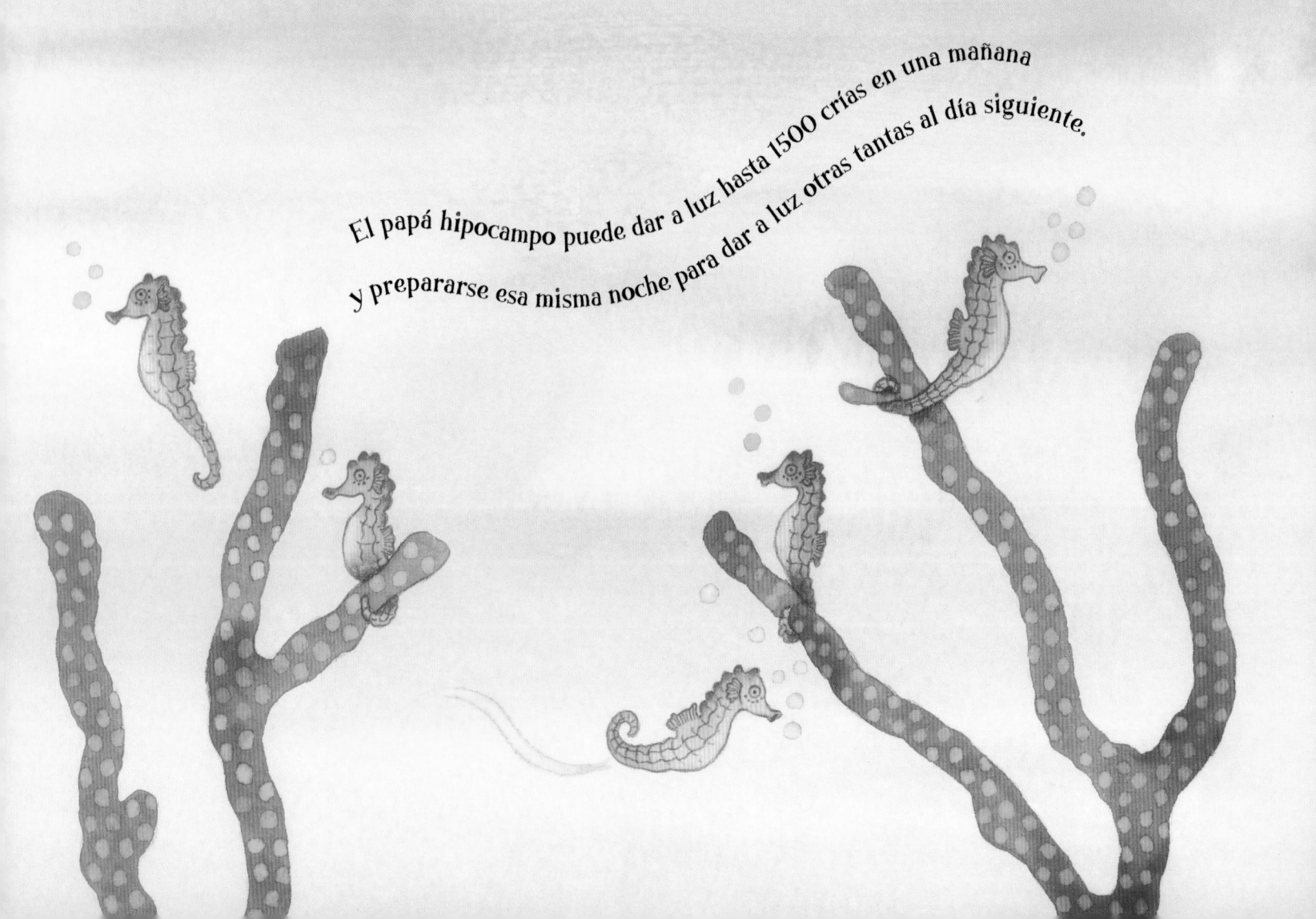

El papá hipocampo puede dar a luz hasta 1500 crías en una mañana y prepararse esa misma noche para dar a luz otras tantas al día siguiente.

Si yo fuera tu papá lobo y tú fueras mi cachorra,
jugaríamos de todo a toda hora.
Correríamos carreras por el bosque y la llanura,
y mi hocico te acercaría para lamerte con ternura.
Aullaríamos ¡auuuhhh! tan alto como si fuésemos cien,
porque juntos nos sentimos muy bien.

Cuando deja de ser amamantado, el lobezno se alimenta con carne fresca masticada y digerida por papá lobo.

El papá avestruz, de plumas negras, vigila cada noche los huevos de su nido mientras que la mamá avestruz, de plumas color tierra, los protege durante el día.

Si yo fuera tu papá avestruz y tú fueras mi polluela de dos dedos,

te enseñaría a gritar ¡boooo ooh!,

a patear, y a hacer vibrar el suelo.

Entonces, con sólo verte temblaría el corazón

de la selva, la hiena, el leopardo y el león.

Si yo fuera tu papá pez y tú fueras mi cría

en mi boca te guardaría

cuando demasiado lejos nadaras.

Y así podría devolverte segura y sana

para seguir jugando en nuestro nido de algas

al ritmo del agua con tus hermanos y hermanas.

El papá pez espinoso vigila a sus bebés
hasta que tienen una semana de vida.

El papá cisne lleva al agua al primer polluelo que salió del cascarón mientras la mamá mantiene el calor de los huevos en el nido.

Si yo fuera tu papá cisne y tú fueras mi polluela,

te guiaría a través del lago

dejando en el agua una clara estela.

Y si sintieras frío o estuvieras cansada,

te cargaría en mi lomo entre mis alas

para que estuvieses segura y cobijada.

Si yo fuera tu papá pingüino y tú fueras mi cría,

buscaría a otro papá que nos hiciera compañía.

Entonces, él y yo andaríamos por el hielo

durante el tiempo que el sol recorriera el cielo,

mientras su pequeño pingüino y tú,

jugaran al escondite y al cucú.

Miles de papás pingüinos emperador y sus crías
se amontonan para darse calor en su colonia.

Pequeña salvaje de
Papá

Dianna Hutts Aston
Ilustrado por Nora Hilb